Navika Deol, Robyn Skye

Bunte Graue Welt - Gedankensammlung

AF198561

Das Buch

Navika Deol und Robyn Skye zeigen in ihren Texten Licht- und Schattenseiten der Welt. Es ist die Aufgabe eines jeden Menschen, das Graue zu verscheuchen und die Welt zum Leuchten zu bringen.

Die Autoren

Navika Deol, geboren 1998 in Pforzheim, absolvierte 2016 ihr Abitur und zwei Jahre später veröffentlichte sie ihr erstes Buch „Gedankenverloren". Wenn sie nicht gerade mit der Uni beschäftigt ist, vertreibt sie ihre Zeit mit Lesen und auf ihrem Blog, den sie 2015 ins Leben gerufen hat.

 Robyn Skye, geboren 1998 in Ludwigshafen am Rhein, ist das Pseudonym eines deutschen Buchbloggers, der seine Liebe zu Büchern gerne mit seinen Abonnenten teilt. „Bunte Graue Welt" ist sein Debüt und wenn er nicht gerade ein Buch in der Hand hat, hält er seinem Essen eine Liebeserklärung.

Navika Deol &
Robyn Skye

BUNTE GRAUE WELT

Bibliografische Information der Deutschen Nationalbibliothek:
Die Deutsche Nationalbibliothek verzeichnet diese Publikation in
der Deutschen Nationalbibliografie; detaillierte bibliografische
Daten sind im Internet über dnb.dnb.de abrufbar.

Deutsche Erstausgabe April 2019

©2019 Navika Deol und Robyn Skye
Umschlaggestaltung: Casandra Krammer
Lektorat und Korrektorat: Isabel Grevenstein
Autorenfotos: privat

Herstellung und Verlag: BoD – Books on Demand, Norderstedt
ISBN: 978-3-7494-0731-6

Für dich, egal ob du an die wahre Liebe glaubst oder nicht!

Für alle, die die Hoffnung noch suchen!

Ich bin wie ein schillernder Regenbogen,

eventuell auch das schallende Lachen,

das dich von innen erfüllt und

glücklich macht.

Ich bin die Stimme in dir,

die dir sagt:

„Du kannst das!" und

„Du schaffst das!"

Ich bin jemand Neues,

jemand, den du vielleicht noch nicht kennst,

aber in deiner bunten Welt willkommen heißt:

Ich bin nicht, sondern heiße Navika.

Denn ich bin mehr als nur dieser Name!

Ich heiße Robyn.

    Ich bin nicht das, was du willst

    Ich bin deine Angst

    Ich bin kein süßer Keks

    Ich nage an deinem Bewusstsein

    Ich bin die Realität

Ich bin Ich.

Liebe

Liebe ist eine schmerzvolle Illusion,

Das kann keiner abstreiten,

Liebe ist nicht existent. Sie ist vom Menschen gedacht,

Man kann sie nicht greifen oder fühlen,

Sie existiert nicht. Da kann jeder behaupten, was er will.

Vielleicht empfindet ein Mensch Freude oder Zuneigung.

Aber Liebe? Nein!

Was wir als Liebe bezeichnen, endet meist

Nach einer Zeit mit großen Schmerzen.

Die Schmerzen sind echt,

Doch die Liebe war stets nur eine Illusion.

Robyn Skye

Grenzenlos

Hände, die einander verlieren.
Herzen, die sich berühren.
Gesichter, die man nie wiedersieht.
Seelen, die vereint sind im ewigen Lied.

Prasseln von kaltem Regen auf warmem Gesicht,
Liebe, die sich verbreitet in frischer Gischt.
Wind, der durch die goldenen Haare fährt,
Sehnsucht, durch die du immer mehr begehrst.

Der Himmel, der immer näherkommt,
wie das Licht am Ende des Tunnels dich mehr erfasst.
Wärme, die dich nun von allen Seiten umgibt –
und Zuneigung dir nun nimmt alle Last.

Ein Band, das für die Ewigkeit hält,
trotz der Vergessenheit ... an alles,
was damit in Verbindung war, um nur im
nächsten Leben wieder zu erwachen.

Navika Deol

Warum ich mich gegen das Vergessen der Vergangenheit stelle

Die Würde des Menschen ist unantastbar, so beginnt zumindest unser Grundgesetz und gerade in unserer Welt hängt der Haussegen wegen so vieler Nationalisten schief.

Durch einen provokanten Titel sowie ein provokantes Bild fielen sie einigen vor wenigen Sekunden wieder auf. Fremdenhass wird wieder propagiert, andere Meinungen werden als versifft abgetan.

Ich muss wohl niemandem einen Rückblick in die Geschichte geben, wie viel Blut damals geflossen ist. Unschuldiges Blut aus reiner Machtgier. Keiner wollte an andere denken.

An den Händen unserer Vorfahren klebt sehr viel Blut, was der ganzen Welt geschadet hat. 6 Millionen jüdische Mitbürger verloren ihr Leben auf grausame Art und Weise. Um der Zukunft Willen muss der Vergangenheit hier eine Absage erteilt werden.

Es reicht schon, dass sich der Mensch über die Natur stellt. Doch ein Mensch hat sich nicht über andere Menschen zu stellen und schon gar nicht die Menschen in Rassen einzuteilen.

Das Konzept kenne ich schon aus anderen Zeiten, allerdings genauso provokant vermarktet. Mir stinkt es einfach, wie so Rassismus auch wieder teilweise salonfähig gemacht wird. Toleranz ist in dieser Zeit ein wichtiges Element, aber ganz bestimmt nicht gegenüber Rechten.

Wieso begreifen diese Menschen nicht, dass durch ihre Aktionen Menschen verletzt und zahlreiche Opfer der NS-Zeit verhöhnt wurden. Vielleicht zeigen sie noch Einsicht, doch in meinen Augen ist es für sie zu spät, sie haben die Zukunft ihres gesellschaftlichen Status besiegelt.

Ich kämpfe weiterhin für Meinungsfreiheit und vor allem, dass niemals das Vergessen unserer Vergangenheit toleriert wird. Ich bin ein Mensch der in die Zukunft blickt, aber niemals das, was wir aus der Vergangenheit gelernt haben, vergessen wird. Denn wenn wir so etwas zulassen, wird unsere Zukunft eine Dystopie. Deshalb ist es wichtig, sich ganz klar gegen Nationalismus zu stellen. Egal wann, egal wo.

Robyn Skye

Nostalgische Erinnerungen

Nostalgisch sind wir alle,

erinnern uns zurück

an die Zeit, die im freien Falle

war von uns ein Stück.

Erinnerungen, memories, mémoires, memorias,

ein kleines Wort, in vier Sprachen,

mit großer Bedeutung,

für mich, für dich, für uns alle.

Wir schwelgen in ihnen,

leben von ihnen, begehren sie,

lieben sie, wollen sie nicht vergessen,

schon gar nicht verlieren!

Nostalgie bringt sie uns zurück:

wunderbare Erinnerungen,

Momente, in denen wir aufgewachsen sind,

die uns auch geprägt haben.

Doch manchmal frag ich mich:

ist es wirklich passiert?

Seh' dann ein Bild und denk':

In welchem Moment das wohl aufgenommen wurde?

Navika Deol

Hand in Hand mit dir

Tanzen mit dir im Rhythmus
dieser schimmernden Welt.
Die Melodie summen im Regen
vor dem glitzernden Regenbogen.

Hab' keinen Grund zu gehen,
nur den, in deinen Armen zu liegen.
Den vertrauten Geruch zu riechen,
Augen zu schließen und zu fliegen.

Keine Angst,
keine Sorgen,
nur du und ich
im Hier und Jetzt geborgen.

Hand in Hand geh'n wir beide
dem goldenen Licht entgegen.
Bleiben stehen und am Ende:
deine Lippen auf den meinen.

Navika Deol

Nur noch eine Ruine

Wie kann ich nur die Leere füllen?
Diese Leere in mir,
in meinem Kopf, in meiner Welt –
vor allem aber in meinem Herzen.

Nackt lieg' ich hier, weil sie alles sehen,
alles in mir und um mich herum.
Du nahmst alles mit dir, hast die
Mauern runtergerissen.

Zurück bleibt diese Hülle und –
Trümmerteile.
Aus Feuer wurde Asche, die
getragen vom Wind mit dir geht.

Navika Deol

Das Leben mit Buechern

Seiten über Seiten,
Worte über Worte …
nehmen kein Ende,
scheinen endlos zu sein.

Geschichten im Kopf,
Bilder vorm Auge
wie ein geschriebener Film –
schwarz auf weiß.

Farbenspiel für das Auge
bei einem kleinen Blick.
Kribbeln auf der Haut bei
kleinsten Berührungen.

Geruch nach Vergangenem,
aber auch nach Neucm,
frische Tinte, die dann
ihre Spuren hinterlässt.

Navika Deol

Starker Schwur

Ich dacht', ich hätt' ihn gefunden:
den Weg, den ich zu gehen hab',
um endlich zu verschwinden,
um wegzukommen, von hier.

Muss mich dann nicht mehr verstecken,
kann sein wie ich will –
ohne innerlich und vielleicht auch äußerlich
komplett zu verrecken.

Alles verblasst dann langsam,
Erinnerungen an das alte Leben.
Auch Gedanken an einsam
vom Winde verweht so eben.

Aber zurück zieht mich diese Schnur,
die mich an dich bindet,
gezogen von unserem starken Schwur,
den ich niemals wage zu brechen.

Die Liebe zu dir hält mich auf,

macht mich stark, doch ist

zugleich auch meine größte Schwäche,

die ich niemals aufgeben könnte – niemals!

Navika Deol

Versteckt hinter Bühnenlicht

Tänzer im schimmernden Bühnenlicht,
Füße, die über den Boden streifen.
Laufen bis ans Ende, bis es sticht,
umgeben von bunten Lichtstreifen.

Hüpfender Tüll den Körper umschlingt,
Tippeln von Spitzenschuhen den Boden umringt.
Lachen auf den schönen Gesichtern
trotz Schmerz unter den Lichtern.

Der Hauch von Perfektion –
selbst bis an kleinste Fingerspitzen …
Dramatische Musik durchflutet den Raum,
bringt Gänsehaut auf wie im Traum.

Schrecklich schöne Kunst wird geboten,
Mundwinkel nach unten strengstens verboten.
Man sieht die Leichtigkeit voll Freude –
dahinter versteckt Erdenjammer der Leute.

Navika Deol

Unser Zweck auf Erden

Warum sind wir auf Erden?

Haben wir eine Aufgabe?

Wir werden geboren und wir werden sterben.

Wir sind zeitlich.

Im Grunde müssen wir nur die Langeweile überbrücken,

Denn der Tod wartet auf uns,

Um uns diese Langeweile zu nehmen.

Die Langeweile leben oder gar

Den Moment der Langeweile leben?

Das ist der Grund:

Wir sollen die Langeweile mit Leben füllen.

Robyn Skye

Die Nacht, die verband

Vielleicht waren sie allein
in diesem einen Moment –
als sie einander fanden,
ihre Hände sich berührten.

Umgeben von tausenden Sternen,
die funkelten um die Wette
und das Strahlen des Mondes,
das ihre Gesichter erleuchtete.

Ihre Blicke sich fanden,
in der hell erleuchteten
und doch so schwarzen Nacht –
in dieser Stille.

Die Welt, die stillzustehen schien,
ihnen den besonderen Moment voll …
… Gefühl schenkte und sie endlich,
nach all den Jahren, zusammenführte.

Navika Deol

Break my heart

Du küsst ihn,

mein Herz springt in tausend Scherben.

Ich falle immer tiefer.

Ein niemals enden wollender Sturz.

Mein Ende.

Robyn Skye

Ein letzter Klang

Geigenspiel und Klaviergeklimper,
Musik in meinen Ohren.
Die Engelsstimme
mir raubt den Schlaf.

Eine Melodie, die überbringt
Krieg und Frieden zugleich.
Töne lassen mich
in Gedanken verlieren.

Zwischen den Zeilen
bin ich nun.
Jegliche Konzentration –
verschwunden.

Was bleibt, ist
das Schwingen einer Saite,
ob vom Klavier oder der Geige,
sei euch überlassen.

Navika Deol

Die Sache mit der Vernunft

In manchen Köpfen scheint's leer zu sein.

Das Äußere nur Schein.
Doch in Masse wird's die Gefahr
Und die Hoffnung fällt in die Ahr.

Der Anruf zur Vernunft vergebens,
Das Licht schwindet
Und die Dunkelheit siegt.

Das ist nicht im humanistischen Sinne,
Niemand will hundert Jahr' zurück,
Eher heißt es nun: beginne
Bevor ich eine Trän' verdrück.

Robyn Skye

Fingertinte

Worte, die aus meinen Fingern fließen,

nicht aufzuhalten, auch nicht durch mich.

Papier, das die Tinte aufsaugt –

und für immer verewigt.

Musik, die in meinen Ohren dröhnt,

Inspiration liefert,

noch mehr Tinte fließen lässt …

… immer mehr und mehr Tinte.

Ich zähle keine Tage,

sondern Worte, die ich auf

diesem starken Papier

durch meine Gedanken verewigt habe.

Lasse sie aber keinen lesen,

weil da diese Angst ist –

diese Angst, falsch anzukommen

und Falsches zu vermitteln.

Es fließt mehr Tinte,
Finger tanzen über das Papier und
Bilder in meinem Kopf, die
sich auch in den Worten verewigen.

Navika Deol

Dünnste Nacht des Jahres

Schaurig schöne Gesichter
hinter dünnem Vorhang.
Hände, die nach dir greifen,
nach Lebenssaft lechzen.
Meterhohe Flammen,
um Seelen zu vertreiben.
Fieses Gelächter mit einem
Hauch von Mitgefühl.
Der Vorhang erst zum
Schleier wird … und dann?
Immer dichter, bis der Durchgang
dann ganz verschwindet.
Am Ende bleiben Glut und Asche,
vielleicht auch Erleichterung.
Die schaurig schöne Nacht
sei vorbei für kurze Zeit –
bis sie wiederkommt,
den dünnen Schleier mit sich bringt
und nicht nur Heilige um sich ringt.

Navika Deol

Sternchen dieser Welt

Glitzerwelten,

Tränen,

Ruhm und Ehre,

Herzschmerz,

Berühmtheit,

Intrigen und Lügen,

Schönheit ohne Ende,

verkaufte Seelen,

große Liebe,

gebrochene Herzen,

Gelächter auf der einen Seite,

Trauer hinter den Kulissen,

großes Kino –

und doch nichts dahinter.

Navika Deol

Carpe Diem

Ein Schuss

Es geht los

Ich gehe in Position

Und starte

Adrenalin durchströmt mich

Ich brauche den Kick

Egal ob ich draufgehen kann

Ich lebe den Moment

Und der Moment lebt durch mich

Robyn Skye

Nur ein Versprechen

Willst du dieser eine sein?

Der, der ihr das Versprechen gibt.

Eins, das aus fünf Buchstaben besteht.

L für Leben.

I für Immer.

E steht vielleicht für ewig.

B vielleicht für beide?

E für die Ewigkeit …

Es lässt sich ganz leicht geben,

aber auch leicht halten?

Vielleicht, vielleicht auch nicht …

ich weiß es nicht, und du?

Bist du dann dieser eine, der Versprechen gibt,

sie aber nach kurzer Zeit wieder bricht?

Der, der „Ich liebe dich" sagt –

es vielleicht doch nicht so meint …

Aber eins will ich gern wissen:

wären diese drei Worte ein Versprechen,

würdest du es dann jemals brechen?

Navika Deol

Warten auf dich

Schmetterlinge im Bauch und ein
kleines Lächeln auf dem Gesicht.

Gedanken an dich, wenn auch so klein,
lassen mich erstrahlen; mein Herz sich in meinen Kopf mischt.

Auf jedem Blatt steht er geschrieben: dein Name.
Ich warte nur darauf, bis du mich schließt in deine Arme.

Und manchmal sitz' ich dann da,
nur mit den bunten Socken an,

die dir so sehr gefallen,
weil ich sie damals immer getragen habe.

Ich warte nur auf den Moment, wenn du mich ziehst ran,
und die Frage aller stellst und ich dann sag „ja".

Man wird nur noch unsere Stimmen hören, wie sie hallen,
und das kleine große Versprechen, das ich dir gegeben habe.

Navika Deol

Jeder hat eine Stimme

Ich beobachtete die Menschen. Sie redeten nicht miteinander. Alle starrten auf diese Bildschirme. Sie haben scheinbar sogar das Sehen und Hören verlernt. Sie nehmen nur noch die Dinge war, die sie über ihre Medien erfahren. Eine Katze kann vom Baum stürzen, keiner würde helfen. „Die Katze auf dem Display ist doch viel süßer", würden sie sagen und einige mit Nichtachtung bestrafen.

Das passierte gestern. Heute stand ein Mensch auf einem großen Platz und brüllte Dinge in ein Megaphon. Dinge, die man das letzte Mal im letzten Jahrhundert gehört hatte. Die Menge jubelte und ich vergoss eine Träne. Langsam fand sie ihren Weg zu Boden und sie war nicht allein.

Die Menschen sind teils dumm, nur weil irgendwer eine Alternative bietet, muss diese doch nicht zwangsläufig gut sein. Wir haben wenige Probleme. Ein Problem ist der Mangel an Empathie. Wir achten nicht mehr auf andere in der normalen Welt. Wozu mit anderen reden oder sie verstehen, wenn man alles in den sozialen Netzwerken findet? Jeden Fehltritt und jede gute Tat. Allerdings wird hier das Positive meist ignoriert und man konzentriert sich auf das Negative. Hass wird online gefeiert. Es ist anscheinend normal geworden, Politikern Vergewaltigungen zu wünschen.

Voller Abscheu betrachtete ich den Menschen, der da sprach. Vielleicht war er fünfzig oder sechzig Jahre. Er redete sogar davon, wie er Unerwünschte am liebsten töten würde. In mir brodelte die Wut und ich nutzte sie. Ich nutzte meine Stimme und rief: „Von Menschenrechten haben Sie noch nie was gehört, oder? Ihnen geht es gut und den Menschen, denen es schlecht geht, schenken Sie nur Verachtung. Wie würde es Ihnen gefallen, wenn Menschen über Ihren Tod öffentlich Pläne schmieden?!"

Ich hörte Buhrufe, doch es war mir egal. Ich hatte meine Stimme gefunden.

Robyn Skye

Bruder im Kampfe

Mit dir an meiner Seite

werd' ich kämpfen –

mich vor dich stellen,

dich vor allem Bösen beschützen.

Deine Freunde sind die meinen

und deine Feinde ebenso …

Zusammen sind wir stark,

unsere Liebe vereinigt uns –

macht uns stärker, gibt uns

die Kraft, die Liebsten des anderen

zu beschützen und zu ehren.

Du bleibst immer mein Bruder im Kampfe

und dort, wo du am Ende ruhst –

dort werde ich auch ruhen.

Auch unsere Seelen werden am Ende

miteinander vereint sein.

Wie in den alten Liedern und Gedichten

werden wir zwei sein und man wird

auch über uns schreiben,

über das Versprechen, das wir einander gegeben

und ein Leben lang eingehalten haben.

Navika Deol

Ein starkes Band

Schwestern sind eins.
Ein Band verbindet sie.
Jede fühlt die andere.
Die Verbindung zu Geschwistern:
Ein intensiver Bund, der niemals bricht.

Robyn Skye

Liebesregen

Funkelnder Regen,
der auf uns herabfällt.
Wie Kirschblüten auf
Liebende fallen.
Jeder Tropfen, der das
Versprechen stärker macht,
uns enger aneinander bindet,
endlich unsere Liebe besiegelt.

Navika Deol

Schicksal

Warum läuft immer alles schief?

Kann man nicht ein Anrecht auf Glück haben?

Wieso ist das Schicksal nicht fair?

Warum folgt auf etwas Gutes immer etwas Schlechtes?

Warum kriegt man immer das Graue, wenn man glücklich ist?

Wieso kann nicht einfach etwas gut laufen?

Hast du eine Antwort?

Ich auch nicht.

Wir müssen uns eingestehen,

so ist das Leben.

Es gibt bunte Tage und graue Tage.

Robyn Skye

Herzensflammen

Eine Flamme im Dunkeln,
die Licht mit sich bringt und
einen kleinen Hoffnungsschimmer,
der Gesichter erstrahlen lässt.

Ein kleiner Funke in der Nacht,
der überspringt auf gestapeltes Holz,
Wärme bringt und auch
Glückseligkeit verteilt.

Hitze, die beim Aneinanderreiben zweier Steine entsteht,
voller Eifer aneinander geschlagen …
ähnlich unsere Liebe:
wie die Flamme, der Funke und die Hitze zusammen.

Navika Deol

Winter

Wärme geht und Kälte kommt näher –
der Sommer neigt sich dem Ende entgegen.
Blätter fallen von den Bäumen – nackte Äste,
Dunkelheit und Nacht, die nun kommen eher.

Lichter, die jedes Haus nun hell erleuchten,
verlassene Straßen und Ruhe draußen.
Stille Wälder, die nur hin und wieder rufen,
die Natur langsam anfängt, den Schlaf zu beginnen.

Navika Deol

Und ich schreibe immer weiter

Und ich schreibe immer weiter,
ohne darauf zu achten, was ich da mache –
ohne auf meine Wortwahl zu achten.
Die Worte, sie fließen, und der Traum
vom nächsten eigenen Buch
kommt immer näher, schwirrt in meinem Kopf.
Doch schreibe ich immer weiter, ohne –
ohne mich zu scheren, ob denn jemand
meine Worte überhaupt versteht oder ob
jemand sie gar jemals lesen wird.

Navika Deol

Pas de deux

Fingerspitzen,
Finger.
Handflächen,
doch die komplette Hand –
wohl eher Hände, die sich
endlich berühren.
Köpfe kommen sich näher,
Stirn an Stirn und
geschlossene Augen.
Verschränkte Hände –
auf beiden Seiten.
Zuneigung trotz des
Abstandes dazwischen,
trotz der Lücke, die
die Ferne andeutet.
Es sind schließlich
verbundene Seelen, trotz
dieser zwei Körper.

Navika Deol

Fluegelkleber

Tränen, die an Gesichtern herunterfließen.

Augen, die sich für immer schließen.

Dein Schatten, der mich für immer umgibt –

mich nicht mehr allein lässt, mich verfolgt.

Erinnerungen, die wie Scherben dort liegen,

zusammengehalten von Klebeband –

ein Band, das zwar fest ist, aber droht zu brechen,

ähnlich wie unsere Liebe.

Nur noch diese eine Seite hält fest,

deine Seite zwingt mich, zu bleiben.

Eine Kraft, die die Flügel herausgerissen und

die klaffende Wunde sich selbst überlassen hat.

Deine Hand ist es, die mich zurückzieht,

den Vogel in mir einsperrt, in –

diesem kleinen, dunklen Käfig und mich

davon abhält, endlich zu fliegen.

Navika Deol

Viel mehr als dieses eine Wort

Schillernde Farben.

Ein Regenbogen.

Buntes Feuerwerk.

Tausende Blüten.

Funken aus deinen Augen.

Zärtlichkeit in deinem Gesicht.

Zuckersüßer Duft, der

die Luft erfüllt.

Kribbeln und Schmetterlinge.

Frühlingsregen.

Dieses Gefühl …

… so wunderbar.

Erfüllend.

Musik in unseren Ohren.

Tanzende Elfen

voll Euphorie.

Liebe.

Schön muss es sein,

sagt man.

Aber eigentlich ist es

viel mehr als dieses eine Wort.

Navika Deol

Naechtliche Philosophie

Nachts liegen wir alle mal wach.
Mit Blick an die Decke oder auf's Smartphone.
Der eine oder andere vielleicht auch mit
einem guten Buch in der Hand …

Und vielleicht kennt ihr das – oder auch nicht:
dieses nächtliche Philosophieren über vieles.
Das Leben, die Welt, die Zukunft …
… eben so einiges.

Ideen kommen und gehen,
so wie es die Gedanken tun.
Im Kopf oder auf diversen Zetteln,
in Tagebuchform oder doch in modernem Vlog?

Ich lieg' nur manchmal da,
mit schallender Musik im Ohr und frage mich,
ob meine Worte jemals jemanden da draußen
erreichen werden.

Aber ich lieg' auch wach und philosophiere,

über das Leben und den Rest eben.

Frage mich, was denn in zehn Jahren sein wird,

wo wir alle stehen werden, ob wir noch existieren?

All das, wenn ich nachts wach liege.

Mit Blick an die Decke oder auf's Smartphone.

Und manchmal auch mit einem ...

… guten Buch in der Hand.

Navika Deol

Vereinte Herzen

Sehnsucht nach Wärme,

nach deiner Liebe.

Schließ' die Augen und

sieh uns – ineinander umschlungen.

Heiße Sommerküsse

wie kalter Regen bei Hitze –

erfrischend und verlangend zugleich.

Arme ineinander verschränkt,

geschlossene Augen dazu.

Die Sehnsucht nach dir, nach uns,

im Hier und Jetzt –

anwesend bei Tag und Nacht,

in jeder dieser Minuten.

Wie Frühlingserwachen ist es,

wenn wir endlich vereint,

endlich zusammen sind.

Geschmolzener Schnee:

ein neuer Anfang …

neue Knospen, frische Blüten,

tanzende Früchte.

Liebe, die ewig währt und

unsere Herzen vereint.

Navika Deol

Gold in unseren Haenden

Siehst du es? Fühlst du es?
Das Glitzern in der Luft –
den Regenbogen um uns herum.
Gold, das vom Himmel fällt.
Strahlen auf unseren Gesichtern und
das Glück in unseren Händen.

Navika Deol

W wie ...

Plitsch, platsch,
hört man, wie
der Regen fällt.

Tip, tap,
schallt es, wenn
der Hahn tropft.

Wisch, wasch,
klingt es hier,
durch kühnes Wischen.

Schribb, schrubb,
der Ton einer
alten kleinen Bürste.

Glick, gluck,
macht es, wenn
jemand es zu sich nimmt.

Alles verbindet dieses Eine,

ich nenn' es auch flüssiges Gold,

trotz der Klarheit und Frische,

trotz seines eigenen Namens,

trotz des wundersamen Begriffes:

Kannst du es mir sagen?

Navika Deol

Wuetender Sturm

Wellen, die alles mit sich nehmen.

Gezeiten, ein wütender Sturm.

Ich mitten drin und mein altes Ich …

… verblasst und zieht mit.

Bin wie Ebbe und Flut,

mal hier, mal dort.

Mein Herz, das durch den Wind getragen,

sich niederlässt in dieser Welt.

Der Wellengang langsam stoppt –

keine Trockenheit, keine Nässe,

irgendwas zwischendrin.

Das Treiben hat ein Ende,

und ich stehe da:

auf dem Felsen der Erkenntnis.

Wellen der Ungewissheit, die

dagegen peitschen, versuchen mich

zu verschlingen – aber ich bin hier,

mit meinen Füßen fest verankert,

in dieser grauen Welt, mitten im Sturm.

Aber ein Lichtblick über mir,

ein winzig kleiner Sonnenstrahl,

der mir die Kraft gibt und

das breite Lachen auf meinen Lippen:

die Wellen wollen mich mit sich zieh'n,

aber ich schwimme schon lange gegen den Strom.

Navika Deol

Was ist es?

Ich weiß zwar nicht, was es ist,
aber es hat mit dir zu tun,
mit Herzen, Hormonen und Signalen.
Freudensprünge, Lachen, Glückseligkeit –
auch von großer Bedeutung.
Verrückte Gedanken, närrische Spiele,
die ich im Tanz hier und da hege.
Wiege mich in Zärtlichkeit und weiß:
irgendwann ist es so weit,
irgendwann werde ich endlich versteh'n
und die Welt von dieser anderen Seite seh'n.

Navika Deol

Woerternarben

Hass in Form von Worten,

verbale Gewalt!

Verbotene Reihenfolge von Buchstaben –

in vieler Augen wie jede andere Folge.

Hinterlassen von tiefen Spuren an …

… den schrecklichsten Stellen.

Tränende Augen, weinende Herzen,

zerstörte Träume und gebrochene Seelen.

Grausame Worte auf Papier, Wand, Haut.

Schall von schrecklichen Stimmen, die

nicht einmal verschonen das kleinste Kind.

Navika Deol

Traumscherben

Halte dieses Bild in den Händen,

denke an die Pläne, die wir machten –

bis sie entstanden, zwischen uns, diese Wände …

nur Erinnerung an ihnen wie wir lachten.

Einfache Gedanken, an uns, nur noch verschwommen.

Leichte Güte, verschwunden, meinen Fingern entronnen.

Gähnende Leere, die sich erstreckt –

den glänzenden Horizont langsam überdeckt.

Ein Haus und doch zwei Welten,

tanzend in Freude – nur noch selten.

Navika Deol

Gefangen

Das konnte nicht sein, ich war jetzt schon so oft durch diesen Gang gegangen und immer, wenn ich kurz vor dem Ziel war, verschwand diese verdammte Tür. „Hilfe", schrie ich wiederholt und immer lauter. Doch ich hatte keine Chance. Niemand, geschweige denn ich selbst, wusste, wo ich mich gerade befand. Der Gang war ein kurzer und die orange-rote Tür verschwand immer wieder.

Ich war gefangen. Ich kam nicht voran, ich hatte keine Ahnung, was dieser Shit hier sollte. Ich, ich, ich, jemand anderes war hier nicht.

Was wollte man von mir? Mutlos setzte ich mich auf den Boden. Ein grelles pink-violettes Licht beleuchtete die Wand. Würde ich hier sterben, in dieser Falle? Ich brauchte ganz schnell einen Ausweg, die Luft wurde immer knapper. Was war das für ein verrückter Ort? Irgendeine Erklärung würde es doch geben? Irgendeinen Weg gab es schließlich auch immer. Vielleicht war ein Schalter im Boden. Langsam erhob ich mich und begab mich in irgendeine Pseudo-Startposition. Ich hüpfte los und sah eine Tür – hatte ich es endlich geschafft? Was würde mich dahinter erwarten? Ich war schon was am Ziel und plötzlich spürte ich, wie sich die Wand vorschob und meine gesamte Vorderseite mit dieser Bekanntschaft machte. Was machte ich nur falsch? Waren hier am Ende etwa Kameras, hinter denen Menschen sich über mich lustig machten? In mir stieg mir unbändige Wut auf, doch ich ließ mir nichts anmerken.

Ich würde nicht aufgeben. Ich würde nicht verlieren. Nein, ich würde es beweisen. Doch wem? Für wen mache ich das eigentlich alles? „Für dich", antwortete mir mein Unterbewusstsein direkt.

Langsam sank ich auf dem Boden nieder und ging alle Optionen durch, doch da gab es keine mehr. Ich war kein muskelbepackter Junge. Ich war nur Ich, ein Junge, der seinen Freund wiedersehen wollte. Ein Junge, der nicht mehr konnte. Ein Junge, der am Ende war. Tränen liefen meine Wangen hinunter. Plötzlich öffnete sich eine Klappe in der Wand. Ich traute meinen Augen kaum. Tausende Schmetterlinge flogen durch den Raum. Wie war das möglich? Ich schrie, den Tränen immer näher: „Was für ein mieses Spiel wird hier gespielt? Zeig dich, du feiges Schwein!" Der Gedanke an meinen Freund gab mir neue Kraft. Schnell stand ich auf und hämmerte gegen die Wand, an der die Tür vorhin aufgetaucht war. Nichts geschah. Doch wo kamen diese Schmetterlinge her? Wie war das möglich? Ich traute meinen Augen nicht. Die Schmetterlinge änderten ihre Farben. Kaum, dass ich an sie gedacht hatte, wurden sie grau. Kleine graue Flecken in dieser kleinen bunten Welt. Das Ganze wurde immer surrealer. Langsam wurde mir alles zu viel und ich setzte mich wieder auf den kalten Boden und dachte nach. Das Grau der Schmetterlinge ließ mir keine Ruhe. Der Wechsel zu dieser tristen Farbe machte mich traurig. Ich akzeptierte meine Gefühle und ließ meinen Tränen freien Lauf. Plötzlich war die Tür wieder da. Ich sprang auf, die Schmetterlinge flogen aus der Tür hinaus und ich rannte ihnen hinterher. Ich war frei. Ich hatte meine Gefühle akzeptiert. Sie waren ein Teil von mir. Plötzlich stand ich auf einer Wiese und sah ihn. Er drehte sich um und lächelte mich an: „Ich bin so stolz auf dich, du hast das Rätsel gelöst. Endlich." Er gab mir einen Kuss, doch ich spürte nichts. Als hätte er mich nie berührt. Ich erschrak: „Was passiert hier gerade?" Um mich herum begann alles zu flimmern und er flüsterte: „Wir sind beide nicht real."

Robyn Skye

Ich wuenscht'

Ich wünscht', ich wär' mal

so mutig wie du und

könnte mal meine Stimme erheben.

Ich wünscht', ich wär' heut'

an diesem anderen Ort und

würd' seh'n, wie Wünsche in Erfüllung geh'n-

Ich wünscht' du wärst endlich

hier bei mir, damit

ich dich endlich in die Arme schließen kann.

Ich wünsch' mir so viel,

so dermaßen viel, dass

ich schon in den Wünschen untergeh'.

Navika Deol

Ziel erreicht

Glückstränen, die über Gesichter laufen,

lassen uns endlich in fremde Welten eintauchen.

Lächeln, die Augen mal wieder strahlen lassen,

ohne sich bis in den Abgrund zu hassen.

Fliegendes Konfetti sich in unseren Haaren verfängt,

kein Druck mehr, der uns nach unten drängt.

Nur einen Weg gibt's noch: geradeaus nach oben.

Wir alle dort, glücklich in eleganten Roben.

Navika Deol

Erwachen

Erwachen aus

Einer Scheinwelt ist nicht simpel.

Ein Stich genügt und die Illusion schwindet.

Mit einem Mal

Sehe ich all die negativen Facetten

Von dem, was ich verehrt habe.

Meine Heimat wird zur Arena,

Freunde werden zu Feinden.

Der Kampf beginnt.

Es geht nicht um Blut.

Der Sieger steigt auf,

Der andere fällt.

Robyn Skye

Wintergestoeber

Süßer Duft nach Zucker,

der die Welt umhüllt.

Ein Hauch von Gewürzen

in der Luft nun liegt.

Schnee, der nicht mehr weit ist,

von Kälte umringt in warmer Decke.

Warmen Tee in der einen Hand,

das gute Buch in der anderen.

Scharen von Augen –

gespannt auf die neue Geschichte.

Und während der Schnee dann fällt –

die sanfte Stimme, die die Worte liest.

Navika Deol

Irgendwann ... vielleicht

Irgendwann,

wenn wir älter sind,

ja – du und ich:

Dann seh'n wir uns wieder

wie in alten Tagen,

nur reifer.

Dann sind wir älter

und vielleicht auch

ein kleines bisschen reifer.

Vielleicht klappt es dann endlich –

diese Sache

zwischen uns beiden.

Können dann den anderen

besser verstehen.

Müssen nicht bei

kleinster Sache

miteinander streiten.

Verstehen uns besser,

schaffen es endlich,

uns wertzuschätzen,

schaffen es endlich mal,

unseren verdammten Mund

aufzureißen –

Vögel fliegen zu lassen,

Seelen zu verbinden.

Navika Deol

Hoerst du mich?

Hörst du mich?
Wenn ich dastehe,
dir von meinem Alltag erzähle?

Hörst du mich?
Wenn ich vor dir sitze,
meine Gedanken schweifen lasse?

Hörst du mich?
Wenn ich daliege, neben dir,
und mein Herz ausschütte?

Hörst du mich?
Wenn ich dir alles erzähle,
selbst die tiefsten meiner Gefühle und Gedanken?

Hörst du mich?
Wenn ich – zusammengerollt, stumm –
Tränen fließen lasse?

Hörst du mich?

Wenn ich schreie, kreische,

mal deine Aufmerksamkeit brauche?

Hörst du mich?

Tust du es wirklich oder

ignorierst du es, mich, und tust nur so?

Navika Deol

Kleines Geheimnis

Nenn' es wie du willst,

aber ich nenn's Unser.

Unser kleines Geheimnis –

wirklich nur zwischen dir und mir.

Ich nenn' es Liebe,

Zuneigung zwischen uns beiden,

Affektion, die uns am Leben hält.

Navika Deol

Regenbogenwelt

Kunterbunte Welten,
die wir entdecken möchten.
Wunder an jeder Ecke
und Glück auf Bäumen.
Tanzende Feen auf Weiden,
schimmernde Blumen auf Wiesen.
Farbenfroh soweit das Auge reicht,
ein Wolkenblick unsere Wangen streift.
Schillernd über uns –
der bunte Bogen.
Wir am Ende, voll mit allem,
was wir begehren.
Leises Kichern, das uns zeigt:
es ist kein Traum.
Schau nur genauer hin und
schon entdeckst du sie,
die kunterbunte Welt.

Navika Deol

Wie ich die Welt sehe

Wie ich die Welt sehe, fragst du?

In schillernden, glänzenden Farben,

wie ein strahlend weißes Lächeln.

Ich seh' dem Sonnenstrahl nach

dem tosenden Sturm.

Die sonnengeküssten Dächer,

den regengetränkten Boden –

so wunder-, wunderschön!

Navika Deol

Nie und nimmer

Manchmal sitzt du da,

starrst in die Menge und –

fragst dich Dinge.

Dinge, die niemals verlassen deinen Mund,

nicht einmal das kleinste Wort,

von diesem anderen Ort.

Egal, wie stark ich mit dir ringe,

deine Antwort ist nie und nimmer „Ja".

Navika Deol

Gruen

Grün wie die Hoffnung –

Hoffnung, die aufkommt, wenn ich daran denke:

an unsere Liebe, an alles.

Aber nichts ist mir geblieben,

nicht einmal du – nur diese Farbe.

Halte fest an ihr, an dir …

… egal, was passiert.

Ich gehe ohne dich, aber vielleicht –

eines Tages, gehen wir wieder Seite an Seite.

Navika Deol

Liebe oder Taeuschung?

Kribbeln im Bauch –

manche nennen es Schmetterlinge.

Gerötete Wangen,

Grinsen auf dem Gesicht.

Sehnsucht nach der anderen Person,

schlaflose Nächte.

Kann es Liebe sein?

Oder nur eine Täuschung?

Navika Deol

Ein Leben vergebens

Es sind große Träume, die wir hegen,
trotz der kleinen Stunden unseres Lebens.
Halten fest an vielen Dingen, vergebens,
selbst, wenn sich nicht die kleinsten Blätter regen.

Navika Deol

Freiheit ohne mich?

Eine Tür geht zu,
ein Fenster öffnet sich.
Am Ende entscheidest nur du:
Was wählst du? Freiheit ohne mich?

Navika Deol

Triff mich um Mitternacht

Triff mich um Mitternacht,

hinter dem großen Baum.

Gib fein Acht,

dass keiner folgt dir im Traum.

In vollem Mondschein

werden wir uns wiedersehen.

Dort werden wir erneut stehen,

wie damals – nur mit Herzen, so rein.

Navika Deol

Schattenseiten

Es ist schwer zu erklären,

was sie für ihn fühlt.

So viele Gefühle und Gedanken,

durcheinander wie brechende Balken.

Als ob man Sand am Strand spült …

Was würd' er nur dafür geben, einen Blick zu gewähren,

in das Gedankenchaos voll Affektion,

voll rosaroter Gefühle – voll Liebe.

Kommt sich dabei vor wie ein Spion,

geleitet von einem seiner Triebe.

Ich wünscht', ich könnt' es wie sie tun,

ihn so stark zu lieben, dass ich vergesse,

was in der Welt geschieht.

Dass ich endlich verdrängen kann, wie wir …

… unseren Planeten von innen verschlingen,

ihn auch von außen bezwingen.

Navika Deol

Vorhang auf!

Rascheln von Tüll,

kicherndes Geflüster.

Tippeln von Spitzenschuhen,

Anspannung in der Luft.

Der Vorhang fällt –

die Menge still.

Licht erscheint und

erste Töne erklingen.

Ein Sprung nach vorne:

Let the show begin!

Navika Deol

Unersetzbar und unbezahlbar

Ohne dich kann ich nicht atmen,
möchte ich vielleicht auch nicht.
Denn dann wäre es eine Qual –
jeder Atemzug …
Fühl mich wie zerbrechliches Glas,
das gehalten werden möchte.
Aber so sanft und voller Güte
wie die feine Ming-Vase.
Unersetzbar und unbezahlbar –
das bin ich auch und das nicht nur bei dir,
doch dennoch erst recht bei dir.
Wieso, fragst du dich?
Ganz einfach: vor dir fällt jegliche Hülle,
ich bin wie ein Krebs ohne Panzer,
wie die schöne Blume im Großstadtdschungel,
die ihren Weg gefunden hat.

Navika Deol

Aus und vorbei

Mein Herz ist gefangen
Und ich will es nicht.
Es zieht mich hinter dir her.
Mein Herz macht dich zu meiner Droge,
Doch du stößt mich weg
Und brichst mich.
Ich brauche dich, um zu leben.
Doch existierst du wirklich?
Mein Herz kennt immer die Antwort.

Robyn Skye

Lieben werde ich dich immer

Lieb' mich oder hass' mich.

Ich seh' dich nur mit dem einen Blick,

der, mit dem es mir egal ist, was du denkst.

Ich weiß nur eins:

Lieben werde ich dich immer.

Navika Deol

Laengst verschwunden

Wenn die Sonne aufgeht, dann
werde ich längst verschwunden sein.
Was dann am Ende bleibt, ist ein
Stück, das ich hinterließ irgendwann.

Navika Deol

Grosse Huerden ueberwinden

Wir haben nur noch einen Weg:
den nach ganz oben.
Werden immer weiter streben –
egal, wie steinig und schwer es ist.
Denn zusammen sind wir stark,
können es schaffen, selbst wenn
ein großer Fels vor uns liegt.

Navika Deol

Ein kleines Boot

Nebelschwaden, die emporsteigen.
Leblose Körper, die immer weiter treiben.

Ein Wrack, das übrig bleibt.
Wasser so weit das Auge reicht.

Mittendrin ein kleines Boot,
scheint einsam und verlassen im Abendrot.

Doch sieht man genauer hin:
sitzen eng umschlungen Kinder drin.

Erfüllt von Hoffnungsschimmer,
in ihren Herzen jedoch leblose Trümmer.

Navika Deol

Geheimes Treffen

Der Mond scheint über mir,

der Kies knirscht unter meinen Füßen.

So leise wie möglich bin ich auf dem Weg zu dir,

in der Hoffnung, nichts zu büßen.

Die Sterne leiten mich weiter,

Schritt um Schritt komme ich näher.

Nehme mich in Acht vor dem Späher,

und besteige langsam die Leiter.

Navika Deol

Graue Welt

Wir alle waren nur noch eine breite Masse, das hatte ich bereits verstanden, und doch interessierte es niemanden mehr. Keiner machte mehr seinen Mund auf. Niemand achtete auf andere und sorgte sich um irgendwen. Kinder durften nicht mehr kreativ sein. Spaß: ein Fremdwort in meiner Welt. Inzwischen war ich schon fast fünfundzwanzig und ich wusste schon jetzt, dass alles vorherbestimmt war. Niemand ließ mir eine freie Entscheidung und so wurde ich wie alle anderen eine graue Masse. Nach dem dritten Weltkrieg verfiel das Land in eine Depression, aus der es bis heute nicht erwacht war. Natürlich waren wieder wir an diesem Krieg schuld. Seitdem waren wir stumm, keiner redete mehr irgendein Wort. Alles war verstummt, sogar die Natur. Früher hatten wir gesungen und getanzt. Das war vielleicht gerade mal zehn Jahre her. Nun lebte jeder für sich und hatte einen banalen Job. Ich saß an der Kasse und scannte die Lebensmittel der Menschen ein. Selbst das war grau. Früher glänzten hier und da leuchtende Anzeigen, mittlerweile war da nichts Buntes mehr. Am liebsten hätte ich geweint, aber ich konnte nicht. Die Quelle war schon vor langer Zeit versiegt.

Ich schaute von dem Scanner auf und betrachtete die Umgebung; alles lief hier im gleichen Schritt. Kinder konnten hier nicht weinen, da sie fortgeschafft worden waren; sie kamen erst wieder im Alter von 21 Jahren zurück. So versuchten die Mütter zu weinen, aber konnten es nicht. Die Natur hat uns jeglicher Emotionen beraubt. Warum musste es so weit kommen, warum konnte der Mensch sich nicht einmal zusammenreißen? Diese Frage stellte ich mir seit Jahren. Damals war musiziert worden, um Frieden zu demonstrieren, doch danach taten die Menschen nichts mehr. Sie trauten sich nicht, den Mund auf zu machen. Ich auch nicht. Früher war ich eine dieser medialen Personen gewesen, heute war ich nur ein Teil der grauen Masse. Ich hatte mich über andere lustig gemacht und wozu das Ganze? Warum hatte ich keine drängenden Worte in den Mund genommen? Wir hatten keine Stimme erheben wollen und nun hatten wir keine mehr. Der Mensch hatte das Sprechen verlernt. Der Mensch hatte die Fähigkeit, Farben zu sehen, verlernt. Der Mensch hatte die Fähigkeit, zu lieben, verlernt. Der Mensch war grau.

Nach der Arbeit ging ich an das Ufer und genoss es, das Wasser zu sehen. Der Mensch hatte das Hören verlernt. Etwas genießen konnten nur noch wenige Menschen. Die Konsumgesellschaft vor dem Krieg hatte dem Menschen geschadet. Auf der Wiese hinter mir saß eine Frau und las. Etwas anderes, als Geschichten von früher zu lesen, war nicht mehr möglich. Die Autoren hatten die Kreativität verloren. Sie fielen in ein tiefes Grau, wie der Rest der Menschen. Ich konnte nichts mehr empfinden, deshalb ging ich nicht zu ihr, sondern blieb an meinem Platz. Zwischen uns war nur Grau.

Robyn Skye

Bunte Welt

Überall diese schillernden Farben und lachenden Gesichter, die auch meine Mundwinkel nach oben wandern lassen.

Ein Paar, Hand in Hand, vor mir. Ihr Haar schwarz wie die Nacht und ihre Haut in diesem zarten, warmen Ton. Er dagegen der totale Kontrast zu ihr. Wie Tag und Nacht die beiden, wie Mond und Sonne. Auf ihren Gesichtern das Funkeln der Sterne. Die Harmonie, die von ihnen ausgeht, erfüllt mich mit Wärme. Der süße Duft in der Luft, Sonnenstrahlen, die die Haut kitzeln und an jeder Ecke ein weiteres Strahlen, das mich begrüßt.

Ich laufe durch die Allee, in der es Blumen regnet und gelange an einen Platz, dahinter ein imposantes Schloss. Es ist wie im Märchen, nur, dass das hier kein Märchen, sondern die Wirklichkeit ist.

Bunte schillernde Farben umgeben mich und schon stehe ich auf dem Dachgarten des Schlosses. Die Aussicht, die sich ergibt – ein prächtiges Farbenspiel.

Liebe und Glück hängen in der Luft, zeigen die Stadt von der schönsten Seite. Zwitschern von Vögeln und sanfte Harfenklänge zeigen es mir: ich brauche keinen Traum und keine andere Welt – die unsere ist schon bunt genug!

Navika Deol

Lass los

Manchmal muss man einfach loslassen.

Egal, wie sehr es weh tut.

Denn manchmal ist loslassen einfach

besser als festhalten.

Navika Deol

Das, was uns wichtig ist

Ein Regentropfen fällt vom Himmel,

klein und unbemerkt.

Eine Feder fällt vom Himmel,

klein und unbemerkt.

Ein Mensch stürzt ab,

jeder sieht es, wenige helfen.

Ein Smartphone zerspringt,

der Mensch wacht auf.

Der Mensch kann alles sehen,

wenn er will.

Der Mensch kann immer helfen,

wenn er will.

Der Mensch muss aufwachen.

Robyn Skye

Jahrein, jahraus

Jahrein, jahraus.

Zeit vergeht im Flug.

Was bleibt, sind

Schatten unserer selbst.

Kindheitsträume,

die wir irgendwann

fallen gelassen haben.

Unerfüllte Liebe und

eine Graue Welt.

Navika Deol

Kaefig aus Glas

Meine Hand an der Scheibe,

deine dahinter.

Sie scheinen sich zu berühren,

doch das dicke Glas –

es trennt uns.

Meine Kraft sich langsam

dem Ende neigt.

Ein letzter Blick auf dich,

bevor mein Atem versiegt –

in diesem Käfig aus Glas.

Und die leblose Hülle

bleibt zurück,

die wandern wird

unter die Erde.

Navika Deol

Toxic

All die Stereotypen

ruinieren unsere Gesellschaft.

Vorurteile haben unseren Blick getrübt.

Sie haben mir die Freude genommen,

lassen mich nicht mehr klar denken.

Wir sehen mit geschlossenen Augen.

Lasst sie uns öffnen,

endlich mal die Welt sehen.

Robyn Skye

Arroganz unserer Welt

Wir teilen diese Liebe, dieses Leben, diese Welt. Und dennoch hassen wir uns. Du stehst neben diesem Menschen. Er spricht dich an und dennoch ignorierst du ihn. Absichtlich? Ich denke nicht. Aber du musterst ihn von oben bis unten. Als wäre dieser Mensch der Abschaum dieser Welt ... als hätte dieser Mensch es nicht verdient, hier zu sein. Du bereust nichts, merkst nicht einmal, dass du einen Fehler gemacht hast. Aber was ist mit diesem Menschen? Hat er nicht auch Gefühle, die du möglicherweise verletzt hast?

Denn genau das tust du mit deiner Ignoranz und manchmal, wenn auch nicht sehr oft, scheint es dir egal zu sein. Was du mit anderen machst, dass du ihre Gefühle verletzt. Denn in der Blase bist nur du. Du und sonst niemand anderes.

Arrogant und ignorant wie eh und je – vielleicht ist es das, was du bist.

Navika Deol

Von Bunt zu Grau

Vielleicht sind es Tränen, die über mein Gesicht laufen. Aber vielleicht auch das Blut der Natur, das wir, bis zum Gehtnichtmehr, fließen lassen.

Haus über Haus. Konsum über Konsum. Mensch über Mensch.

Manchmal lassen wir sie weinen, die Erde … und ihre Kinder. Aber halt! Sind nicht wir ihre Kinder? Bringen wir uns selbst zum Weinen?

Frag nicht mich. Frag dich selbst.

Das Bunt verschwindet und wird grau. Bunte zur grauen Welt. Freude zu Trauer. Lachender Sonnenschein zu weinenden Trauerwolken. Irgendwann wird es enden. Aber lachen werden wir sie nie hören. Selbst, wenn wir verschwunden sind, wird sie weinen. Weinen um ihre Kinder. Kinder wie uns, die diese graue Welt erschaffen haben.

Navika Deol

Mein Halt in der grauen Welt

Flügel brauche ich nicht,

Ich habe schon welche.

Sie durchströmen mich,

Sie geben mir Energie.

Energie, die unsere Gesellschaft nicht akzeptiert,

Freiheit ist nicht gern gesehen

In einer grauen Welt

Gibt es keine Freiheit,

Doch der Funke lebt in uns.

Aus diesem Funken muss

Ein brennendes Verlangen werden.

Ein Feuer des Verlangens.

Ein Feuer, das rettet.

Robyn Skye

Bunte Persoenlichkeit

Vielleicht habe ich sie, diese Bunte Persönlichkeit. Und vielleicht bin ich quirlig und rede viel, aber ist daran etwas falsch? Ist es so schlimm, bunt und quirlig zu sein? So schrecklich tragisch, ohne Punkt und Komma zu reden?

Anscheinend schon.

Aber was, wenn das mein einziger Weg zu der glitzernden, schimmernden, bunten Welt ist? Was, wenn meine Bunte Persönlichkeit ein Weg aus der tiefen Dunkelheit ist? Willst du sie mir dann wegnehmen? Auch noch meine Bunte Persönlichkeit?

Anscheinend schon.

Aber vielleicht lasse ich es nicht zu, dass du sie mir wegnimmst. Meine quirlige bunte Persönlichkeit.

Wohl wahr, ich bin gerne so. In manchen Augen bin ich eben ein Freak, aber was soll's? Dann bin ich eben ein F-R-E-A-K. Bin dann vielleicht allein in meiner bunten Welt, ohne graue Gedanken von anderen. Bin lieber in meiner bunten Blase und schwebe hinweg. Lausche meinen Lieblingsliedern in den quirligsten, verrücktesten Kleidern und widme meine Gedanken mir und meiner kleinen Welt. Falte bunte Papierflieger und lass sie fliegen. Fliegen mit dem Wind, bis sie irgendwo ankommen und ihre

Quirligkeit verteilen. Und dann ist dieses Lächeln auf meinem Gesicht. Dieses quirlige Lächeln, das ansteckend ist, und mit dem ich auch alle in meine quirlige, bunte Welt einlade. Egal, wer sie sind.

Willkommen ist jeder. Selbst du!

Navika Deol

Zerplatzte Traeume

Unsere Träume, die

irgendwann zerplatzen.

Schreckliche Fratzen

uns verfolgen, bis sie

alles zerstört haben,

Hoffnung genommen haben …

Navika Deol

Es tut nicht weh

Es tut nicht weh,
aber weinen tut man trotzdem.
Man ist zwar auch nicht tot,
dennoch nur halb am Leben.
Die Fassade fängt an zu bröckeln,
aber das muss wohl so sein.
Es gibt wohl nur ein Nehmen,
jedoch kein wirkliches Geben.
Ist das wirklich Liebe?
Ist es das, was alle meinen?

Navika Deol

Dann

Wenn flüssiges Gold Kehlen hinunterfließt,

eine Flinte auf den Vogel schießt.

Wenn tanzende Meute,

sind die Leute von heute.

Wenn Verlangen die Luft erfüllt,

sich weiter um sie hüllt.

Dann?

Was ist dann?

Navika Deol

Schmetterling

Flügel.

Aneinanderschlagen.

Flattern.

Wind.

Endlich frei.

Frische Luft –

zum Atmen.

Tänzeln durch

die Lüfte.

Freiheit genießen.

Endlich.

Raus aus

den Gittern,

ins ewige Grün.

Kein Glaskasten,

der uns

zurück hält.

Navika Deol

Was wir einst begehrt haben

Wir haben sie alle,
diese zerplatzten Träume.
Dinge, die wir
über alles begehrt haben.
Dinge, die unsere
Herzen gebrochen haben.

Navika Deol

Aufbruch

Ich kann nicht mehr,

nicht mehr in dieser Düsternis.

Ich kann nicht mehr atmen,

das Leben raubt mir den Atem.

Ich muss hier raus.

Ich muss leben.

Robyn Skye

Wieso? Wieso? Wieso?!

Manchmal ist es besser loszulassen, sagt man. Dennoch halten wir an dieser bestimmten Sache fest. Irgendwie prägt sie uns und bestimmt, was für ein Mensch wir werden. Ob Trauma oder der beste Moment des Lebens – wir halten fest wie ein kleines Kind die Hand seiner Mutter hält. Um sie ja nicht zu verlieren, um ja nicht loszulassen.

Wir halten fest und es macht uns kaputt; erst von innen und dann ganz langsam auch von außen – bis vielleicht nur noch eine leere Hülle, ein Bruchteil von uns, bleibt.

Aber wieso? Wieso schaffen wir es nicht, loszulassen?

Wieso? Wieso? Wieso?!

Kannst du es mir sagen?

Kannst du es mir verdammt nochmal sagen?

Navika Deol

Danksagung

Robyn

Ich bin nicht gut in so etwas, deswegen einfach eine Aufzählung:

Erst einmal möchte ich Navika danken, dass sie mich zu diesem Projekt dazu geholt hat und meine ständigen Telefonate mit Gesangseinlagen erträgt und überlebt. Du brauchst ein neues Handy!

Cassy, du hast diesem Buch ein absolutes Herzenscover gegeben, tausendfachen Dank, dass du immer für mich da bist. Milles Merci!

René, ich weiß nicht, wie ich dir danken soll. Danke, dass du dir die ersten Texte durchgelesen hast. Danke für deine Art. Bleib wie du bist!

Lexy, Gina, Katharina, Micky, Anna, ich danke euch, weil ich immer auf euch zählen kann und ihr mich so ertragt, wie ich bin.

Ein großes Danke geht auch an Sara Bow – du hast Robyn geschaffen und ich danke dir für jedes Telefonat, jede Kritik, jedes Lob und dafür, dass du einfach du bist.

Kadda – danke für jede Shoppingtour und jeden Kaffee.

Und danke an den Mistkerl, der mich zu diesen Texten

inspiriert hat.

Danke an Shawn Mendes, Troye Sivan, Helene Fischer und Taylor Swift, deren Musik immer lief, wenn ich gerade geschrieben habe.

Danke an unsere Lektorin, die mich hoffentlich nicht getötet hat, nachdem sie meine Texte gelesen hat.

Und danke an Dich, dass Du unser Buch gelesen hast.

Nanika

Bevor ich mich bei irgendwem bedanke oder so: mir ist beim Abtippen meiner Texte aufgefallen, dass sie (teilweise) echt kitschig sind und ehrlich gesagt könnte man denken, dass ich verliebt sei oder so. Aber das ist falsch! Ich muss euch tatsächlich enttäuschen. Denn meine Inspiration für die Texte habe ich aus den verschiedensten Liedern und aus meiner Umgebung gesammelt. Tatsächlich war ich erstaunt, was so dabei herauskam. Und noch eine weitere Sache, die ihr wissen solltet: ich schreibe grundsätzlich nicht über mich selbst. Das wäre echt merkwürdig …

Nun zu der Danksagung: Danke an alle Menschen, die mich inspiriert haben, auch, wenn ich euch nicht einmal kenne bzw. nie genauer kennen lernen werde.

Apropos Inspiration: danke an die Kellergang. Ihr habt auch euren Beitrag geleistet. Diese nächtlichen Chatverläufe haben so ein paar Sachen zusammengetragen. (Das gilt übrigens auch für unsere privaten Chatverläufe, liebste Stalker Sister!) Ach ja, liebe Fandom Pics Mädels: ihr habt auch euren Beitrag geleistet!

Wie immer geht auch ein großer Dank an meine Familie, die immer hinter mir steht und mich in dem unterstützt, was ich auf die Beine stelle – auch, wenn es verdammt kitschig ist!

Für das geniale Cover muss ich Cassy danken! Es war Liebe auf den ersten Blick!

Robyn, danke, dass du mich und meine minimalen Ausraster bezüglich des Buchsatzes ertragen hast. Diese Zusammenarbeit war definitiv richtig genial (auch, wenn du endlich mal einen neuen Laptop brauchst) und ich kann schon mal sagen, dass das erst der Anfang ist …

Das Beste kommt immer zum Schluss. Moin Isa, ich danke dir für all die Kommentare, die mich immer wieder zum Lachen gebracht haben. Meine persönlichen Favoriten sind der Holzfußboden und der Kommentar zu besagtem falschen Buchstaben in „Käfig aus Glas". Ey, es wär' schön blöd, an dieser Stelle keine Anspielung auf eine gewisse

Sache zu bringen – so, here it was! Fühl dich gedrückt und bleib wie du bist. Du weißt echt nicht, wie sehr ich dir dankbar bin – und damit meine ich nicht nur das Lektorat, sondern auch dein offenes Ohr!

Und nun zu Dir, weil Du das liest. Dankeschön, dass Du „Bunte Graue Welt" in die Hand genommen und gelesen hast! Es bedeutet uns verdammt viel!